LAS ABEJAS HABLAN

Ricardo A. Domínguez

Las abejas hablan

Ricardo A. Domínguez

bubok
EDITORIAL

*Dedico este libro a mi Dios,
quien me dio la inspiración.
A mi esposa querida, Rosa;
y a mi hijo amado, Vincent.*

Aprende a vivir libre como el aire.

La vida puede ser hermosa y maravillosa si sabes compartir-la laborando —es una bendición de la existencia— por el bienestar de la comunidad.

¡Vuela hacia las estrellas! ¡Mira cómo comparten entre ellas!

¡Mira cómo trabajan juntas, con amor y no con pesar! ¡Con agrado y no con indiferencia!

Cada día es un nuevo comienzo.

Cada día es un momento maravilloso para compartir con amigos y caminar con paso decidido hacia la meta.

Yo soy como el girasol de la mañana, que vive de la sustancia de la tierra y se vitaliza con la luz que lo rodea.

Cuando miro al sol, me siento FUERTE y VIVO.

¡Caminemos hacia adelante! ¡Nada puede detenernos ahora!

Cree en ti mismo y el mundo será tuyo. ¡Sé fuerte! ¡Sé feliz!

Marcha con aliento y no te pierdas en los riachuelos de la pereza.

Si tienes fe en ti mismo, nada podrá derrotarte.

Si quieres ser fuerte, actúa con fortaleza.

Cuida de tu cuerpo, que es tu casa en esta temporada de la vida.

La vida se vuelve mejor cuando estamos felices y no dejamos
que la tristeza enmascare nuestros indefensos corazones.

La vida se vuelve estupenda cuando compartimos nuestra felicidad con otras personas y no permitimos que muros de la discordia se levanten y nos separen de aquellos a quienes amamos.

La amistad es el mejor regalo que puedes recibir en la vida.

Los amigos son como los latidos del corazón, que nos dejan saber que aún estamos vivos.

La amistad es como la cosecha. Debes sembrar muy profundo para tener amigos sinceros.

La recompensa será el agradecimiento eterno.

No te lamentes cuando sientas que no tienes amigos.

Los verdaderos son como las flores del jardín de tu corazón:
no están aprisionados en un estuche electrónico, parlante
o visual, que pretende robar toda tu atención y tu corazón
desde la distancia.

Al final, tú tendrás una flor bella y fuerte que se mece feliz al ritmo de los latidos tiernos de tu corazón sincero, sabiendo que cuando haya marea brava habrá una mano tierna, lista para librarte de las profundidades de tu desesperación.

La nobleza y la humildad obligan a una persona a ser como un niño inocente, lleno de amor y ternura.

Recuerda que los niños son la expansión de tu esencia y la semilla del porvenir.

Nunca pienses que estás actuando como un niño ingenuo.

La paz y el amor son tu vestimenta, tu ropaje que es acariciado por los rayos del sol y besado por el soplar del viento.

Las personas que se comportan como niños son puras de corazón. En sus vidas no existe el odio ni la infelicidad.

¡Disfrutemos la vida! Nosotros somos parte de ella. Nosotros somos la vida.

Seamos amigos y sigamos hacia adelante. Trabajemos por la paz y la justicia para que prosperemos en este paraíso terrenal.

Tú eres suficientemente fuerte y libre para lograr las metas que te propongas en la vida.

A veces, debes cruzar caminos pantanosos, pero tarde o temprano, al final del camino, recibirás el mayor galardón en la vida.

Corta de raíz los pensamientos de debilidad, no son parte de tu naturaleza.

Tú no fuiste creado con una mente débil y temerosa.

Tú fuiste creado con una mente fuerte y capaz de lograr las metas que te propongas.

Piensa positivamente.

Te aseguro que triunfarás en la vida si solamente escuchas el llamado de tu corazón.

No camines por el mundo como si fueras una gallina turu-
leca que ha perdido la cabeza. ¡Anímate!

La vida es lo más bello que existe en este mundo. No permitas que las trivialidades seduzcan tu espíritu, que está re-
pleto de sueños hermosos.

No permitas que el miedo controle tu vida, que los pensamientos negativos formen parte de tu destino.

Debes seguir creciendo a pesar de los obstáculos.

¡Sé feliz por lo que eres y por quien eres! ¡Sé feliz por lo que quieras ser en el futuro!

Nunca dudes. Fuiste creado de una manera perfecta.

Combate tus penurias hasta triunfar en la vida.

Tú tienes la raíz perfecta que te impulsará a convertirte en lo que quieras ser.

Atrévete a decir en voz alta las palabras que te dicte el corazón.

Tú eres tú mismo. Tú eres tu propio maestro. ¡Aprende por ti mismo!

Tú posees la semilla de la inteligencia. Utiliza tu sabiduría.

Trata de mejorar tu vida y la de quienes te rodean. No te creas todopoderoso al tratar de empequeñecer a quienes no han tenido tu dicha.

¡Educa a las demás personas!

La buena educación es la llave que abre las puertas de tu vieja prisión.

33

No vuelvas tu mirada hacia el pasado a menos que sea para aprender de las experiencias y mejorar las acciones futuras.

¿De qué nos sirve la experiencia si seguimos cometiendo los mismos errores?

Si no aprendemos de los errores, nuestro futuro puede ser muy aterrador.

Nuevas y mejores acciones en la vida te convertirán en un ser libre.

Todos somos pasajeros en la misma arca.

Nadie puede decirte la VERDAD. Tú y solamente tú posees las herramientas necesarias para encontrarla.

No vayas detrás de las sombras del pasado.

Aléjate de los que dicen: «Nosotros tenemos la VERDAD, nosotros sabemos la VERDAD».

¿Tienen ellos, verdaderamente, la VERDAD?

Si la tuvieran, ¿por qué se ocultan de los demás? ¿Por qué son tan diminutos que nadie puede verlos?

No te desanimes ni te molestes cuando te digan que poseen la VERDAD. Son los farsantes de la vida, los enemigos del ser humano, los creadores de las guerras y las miserias.

La gente vota por ellos en las elecciones. En otros países, los adoran como reyes y reinas, sin darse cuenta de que viven del cuento y de los impuestos de los contribuyentes.

Son los verdaderos enemigos de la humanidad.

Los malvados luchan en el nombre de millares de VERDA-
DES y nunca consiguen vivir en paz.

Crean imperios para glorificarse a sí mismos.

¡Esa es la naturaleza humana, si es que son humanos!

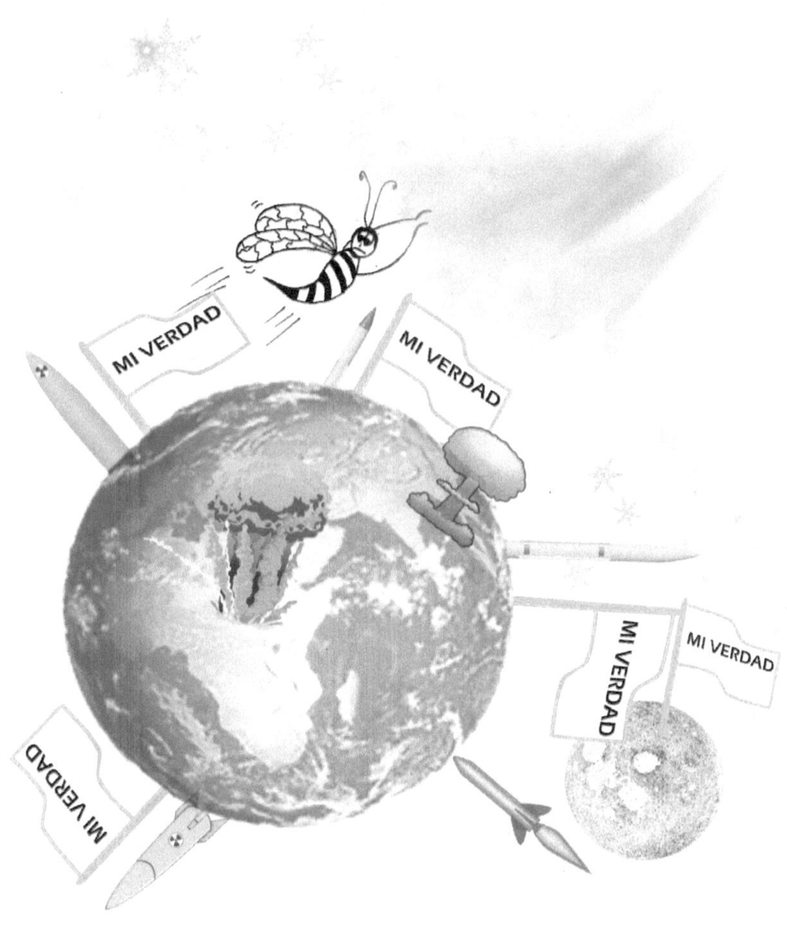

¿Cuáles son las causas de las guerras y las miserias? Las cualidades de los políticos y líderes religiosos inescrupulosos que gozan con el sufrimiento de las personas: **arrogancia, banderas, orgullo, fronteras, política, militarismo, odio, materialismo, codicia, racismo, religiones, falta de amor, falta de humanidad, falsas verdades, delirios de superioridad...**

¿Te crees diferente y superior a los demás porque posees joyas, pieles, dinero, carros deportivos, estatus social, un apellido de renombre y poder?

¿Quién te nombró rey o dueño del mundo? ¿Quién te dio el derecho a controlar las vidas de las personas como si fueran ganado o conejillos de Indias?

¿Quién te dio el derecho a fumigar el planeta con aviones que hacen llover veneno? ¿Quién te dio el derecho de matar las almas de quienes viven una vida llena de necesidades?

Eriges palacios sobre ríos de sudor de quienes no pueden hacerte la guerra.

Cuando te miras en el espejo y ves a una persona pobre desnuda, ¿qué observas?

¿No te compadeces de su desnudez? ¿No sientes en tu corazón la miseria y la humillación que tiene que compartir con el resto de los desamparados del mundo?

La verdadera diferencia entre tu cuerpo y el de los demás la encuentras dentro de ti, no en el exterior de tu persona.

Tú eres el libro donde se escribirán capítulos de tristeza y felicidad, de discordia y unión, de desesperación y esperanza, de ofensa y perdón.

¿Quién leerá tu libro? ¿Quién leerá el libro de una persona pobre y desnuda?

La raza humana es un gran regalo, espectacular y perfecto.

Cumple con tu deber y protege nuestro planeta. Hónralo y respétalo.

¡Ciertamente! ¡La raza humana es una gran controversia! ¡Mírala! ¡Estúdiala!

Te darás cuenta de que el ser humano es el mismo hoy, mañana y siempre: rehúsa aprender de los errores.

45

Es como dar a luz, la palabra. Con palabras creas oraciones.

Con las personas creas sociedades; das testimonio de la verdad o creas rencillas entre los humanos.

¿Te lamentas cada vez que tropiezas o das gracias por cada logro que llega a tu existencia?

¿Diste las gracias cuando nació tu primer heredero?

Con la palabra puedes dar discursos. ¡Ciertamente! Con la palabra puedes declarar tu libertad.

Con los hombres puedes crear naciones. ¡Ciertamente! Con ellos puedes pelear por tu libertad y por la igualdad.

Con las palabras puedes herir o hacer daño. Por eso debes medirlas y usarlas para construir y no para destruir.

Por último, con la palabra puedes buscar la paz y vivir en hermandad.

Mira a tu alrededor. ¿Por qué tienes miedo?

El pasado es solamente el pasado. El presente corre muy rápido, convirtiéndose en pasado. ¿Y el futuro? ¡El futuro! El futuro será tu presente, que corre rápidamente para convertirse en tu pasado.

¿Qué aprendiste de lo que ya pasó y no es?

No seas débil. Sal de tu burbuja de cristal. Sé como la vieja generación de hierro a la que pertenecen tus padres.

No te mires y pienses que eres un insecto insignificante. No vivas tu vida ignorantemente. No vivas tu vida luchando contra enemigos invisibles impuestos sobre tu existencia por tiranos que se creen dueños del mundo.

Trepa a las cimas de las montañas y contempla la belleza que te rodea. Tú vales mucho. Grita a los cuatro vientos: «¡YO VALGO MUCHO!».

Tú tienes el poder de convertirte en lo que quieras ser.

Construye un puente sobre roca sólida, no sobre la arena, y crúzalo con la seguridad de que tu vida estará, siempre, protegida y bendecida.

Utiliza tu libre albedrío de una manera sabia y constructiva. Aléjate de las malas influencias y de las cosas que minimizan tu existencia.

Comparte tu vida con aquellas personas que estimulan tu crecimiento de manera positiva. Nada con ellas hacia el otro lado del río y piensa siempre que llegarás al otro lado. Confía en que, aunque haya turbulencia, siempre tendrás a alguien a tu lado que te extenderá la mano.

Tú vales por lo que eres y no por lo que posees. Quien tiene una mente positiva, libre de cosas banales, podrá construir un mundo mejor, donde todos podamos vivir en paz y en hermandad.

Tú puedes lograr lo que te dicte tu corazón. No tengas temor del porvenir.

Si luchas con fuerza para alcanzar tus metas, puedes tener la seguridad de que las lograrás. Nunca seas arrastrado por la duda. Recibe siempre todos tus logros con agradecimiento y humildad.

No encarceles tu alma o tu mente detrás de rejas de falsedad.

No persigas la oscuridad. No evites la luz.

Contempla el lado iluminado de la luna y no dejes que la curiosidad te lleve a pensar en su lado oscuro.

Aquellas personas que viven en la oscuridad creyendo poseer la VERDAD serán cegadas cuando la luz de la VERDAD brille sobre ellos.

Quienes comparten la ceguera de pensar en cosas materiales nunca conocerán la verdadera sabiduría.

Duermen un sueño perpetuo dentro de la ignorancia que no permite que desplieguen sus alas para levantar vuelo desde sus calabozos para volar por el vasto orbe de la libertad, la vida y la felicidad.

¡La vida! ¿Qué es la vida?

Es solamente un libro para ser escrito. ¿Quieres ser el autor de tu libro o quieres que otros, que no te conocen, impriman las letras de tu porvenir?

No importa si tienes un millón de seguidores en los medios sociales electrónicos. Ninguno te conoce como tú mismo. Ellos son el espejismo que desaparecerá sin que nadie se dé cuenta si alguna vez existieron en carne y hueso.

¡Vamos! ¡Escribe el libro de tu vida!

Si te adulas a ti mismo por las posesiones que tienes, si te encanta tomarte selfis para impresionarte, te convertirás en uno de los objetos que posees y serás adulado por los que solamente valoran las cosas triviales y materiales de la vida. No pongas tu corazón en las riquezas del mundo. El mundo, mundo es. Y mañana no lo conocerás más.

Si dejas de creer en ti mismo, tu vida puede comenzar a concluir. No tengas una vida llena de lujos e indiferencia que te aparte de la piedad y de la bondad hacia los que poco y nada poseen.

No existe en la Tierra una isla que pueda sobrevivir por sí misma. No puedes vivir en paz contigo mismo si no compartes tu vida y tu felicidad con otras personas.

Deja de construir castillos de arena tratando de glorificarte a ti mismo.

La vida se convierte en algo maravilloso cuando aprendes a compartirla con las personas y con lo que te rodea.

Cierra tus ojos y mira cómo tus sueños se hacen realidad.

No te enojes cuando veas que los demás logran sus metas.
Trata de lograr las tuyas humildemente por medio de tu
propio esfuerzo y determinación.

Para lograrlo, debes salir de la burbuja de cristal en donde
has vivido.

Camina hacia adelante. Triunfa y no te vuelvas loco. Sal de la celda de tu esclavitud mental y sigue tus sueños. Haz como los pájaros y vuela por el vasto cielo de la libertad.

Si alguien se burla de ti por tu manera de ser, por tu valen-
tía, por el color de tu piel, por tu acento, por tu educación,
por lo que posees materialmente, por tus ideas contrarias a
lo establecido y por tu libertad, dile que cuando tú llegues a
la cima de la montaña, mirarás hacia abajo y le ofrecerás tu
mano si necesita ayuda.

No le digas a nadie tus pensamientos. Tu silencio mostrará tu sabiduría y jamás volverán a burlarse de ti.

Pon este pensamiento en tu mente: «¡Yo soy el ser más maravilloso de este mundo donde todo es maravilloso!».

Haz, por ti mismo, lo que puedas hacer sin pedir ayuda a otros. Y comparte con todos tus logros.

A veces, tu conocimiento luce muy abstracto ante los ojos de las personas que no tienen entendimiento y se encuentran dormidas en cada estación del año, sumergidas en las sombras que nublan los ojos del alma.

Debes convertirte en un niño para poder ser entendido por ellas.

Si lo desconocido te hace sentir como si no valieras nada, ¡despierta!, ¡levántate! ¡Sigue hacia adelante!

Inmensos tesoros infinitos serán tu recompensa.

No temas lo desconocido.

Lo desconocido te atrae y hace que tu pensamiento abrace
lo que el porvenir pudiera ofrecerte.

Tú eres parte de lo desconocido.

El universo es lo desconocido.

Cuando duermes, te conviertes en lo desconocido, te conviertes en el universo, te fundes con lo infinito.

Ahora que sabes que eres parte de lo desconocido, y uno junto a lo infinito, te darás cuenta de que lo más maravilloso que te ha podido suceder fue el haber nacido.

No tengas temor a lo desconocido cuando te encuentres solo.

El amor es la fuerza suprema del universo que te hace sentir fuerte e invencible.

Si el amor te busca, no te apartes de él… sin importar cuánto tengas que entregar de ti al ser amado.

El amor te traerá felicidad y con el amor podrás crear una gran familia por amor al amor.

Esa gran familia, esa hermosa familia, esa familia tan maravillosa, es la raza humana.

Existen, en el cosmos, muchos lenguajes, muchos pensamientos, muchas filosofías, muchas religiones, muchas ideas políticas, pero solamente existe una gran mente universal. Y todos formamos parte de esa mente espectacular.

Es tiempo de despertar del viejo sueño. Mira hacia el lejano
horizonte y contempla la salida del sol.

Que te pongan en una prisión y te aíslen es porque quieren herirte, puesto que saben que eres una persona única y mejor que ellos.

Abre las puertas de tu prisión y logra escapar de las pautas que te impone la sociedad.

No permitas que tu cuerpo se convierta en lo que no deseas.

Tu cuerpo no le pertenece a nadie sino a ti mismo.

Debes amarte y cuidarte y olvidarte de lo que piensan de ti las demás personas.

Ayúdate a ti mismo. Nadie puede hacerlo por ti.

Sin importar lo que diga la gente, debes confiar en ti.

Deja de escuchar palabras necias. ¿Vivirás tu vida o la vida de otros?

Solo se vive una vez. Disfruta de tu vida al máximo cuidando de tu cuerpo, tu mente y tu espíritu, velando por no hacerte daño ni lastimar a otros seres.

No vivas la vida tan de prisa, pues no echarás raíces ni mucho menos darás frutos.

No dejes que los gánsteres con títulos universitarios sigan tomando puestos políticos ni sigan rigiendo naciones a costa de la ingenuidad del pueblo.

Los poderes mágicos no salvan a la gente, sino las palabras amables y llenas de respeto mutuo que salen del corazón.

Prepárate a encontrar lo que has estado buscando por tan largo tiempo.

Con tus destrezas y tu fe serás capaz de vencer y conquistar.

Tú eres parte de algo milagroso y espectacular. Canta la canción del triunfo.

Ponte la corona de oro y camina hacia la felicidad.

¡Sigue hacia adelante!

Apártate de la hipocresía y la falsedad.

Sé genuino y no te menosprecies.

Continúa tu camino, cumple con tu destino y alcanzarás tus metas.

¡Sé firme contigo mismo! Sigue la paz, lucha contra la ignorancia, rechaza la mentira y busca la felicidad.

¡La felicidad ha llegado! ¡El amor ha triunfado! Da a la vida lo que la vida te ha dado a ti.

Recuerda que los hijos son las flechas que surcan el tiempo y el espacio hacia el infinito tratando de besar el blanco correcto que ha predeterminado la vida.

Siente satisfacción por haber sido el Robin Hood que amó a su hijo y dejó que emprendiera vuelo hacia su propio destino.

Comparte tu amor con las demás personas.

¡Levántate! ¡Mira hacia el futuro! ¡Sé tú mismo!

¡Levántate! ¡Mira hacia el futuro! ¡Sé tú mismo!

Siempre di: «¡Yo puedo ser todo lo que quiera ser. No hay límites en mi vida!».

¡Mi Dios es bueno, mi Dios es santo,

oh *bella ciao*, *bella ciao*, *bella ciao, ciao, ciao*!

Mi Dios es bueno, mi Dios es santo,

también es mi salvador.

¡PRINCIPIO!